AF390347

UN JOUR, UNE SALUTATION

366 Poèmes au goût du jour

Pour dire bonjour

Tous les jours

(Vol. 1 : Du 1er Janvier au 30 Avril)

Jean JEUDI DISANOA

UN JOUR, UNE SALUTATION

366 Poèmes au goût du jour
Pour dire bonjour
Tous les jours

BIBLIOGRAPHIE

Jean JEUDI DISANOA

Qui est ce bel inconnu ?

Jean JEUDI DISANOA est un jeune **auteur indépendant** plein de talents qui débute, mais aussi un **poète** original, un récent **blogueur** et un grand **blagueur**. Il est intéressé par les **jeux de mots**, l'humour et la **poésie** et, donc, il fait de la poésie humoristique.

L'Ex père de jeux de mots aime faire taper des barres à ceux qui ont toujours l'impression de toucher du bois. Sa **philosophie** se résume en un **sourire**, qui lui sert d'emblème pour remplir de joie le cœur de chacun et filer de bonnes ondes à ceux qui se sont trompés de fréquence afin qu'ils soient branchés aux vrais bonheurs de la vie.

Quel livre a-t-il déjà publié ?

Jean JEUDI DISANOA a publié un tout premier livre qui allie deux de ses passions : l'humour taquin et la poésie douce.

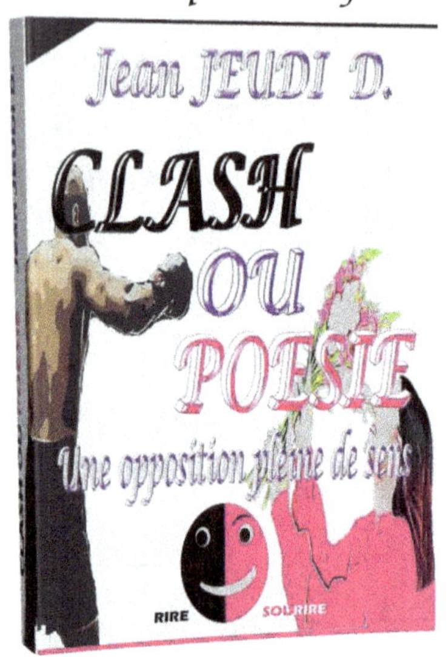

Le livre s'intitule : "**Clash** ou *Poésie*. *Une opposition pleine de sens*". Et comme l'indique le titre, c'est un choix qui s'offre au lecteur entre des phrases sarcastiques, du style : clash et de jolis poèmes : le genre à faire fondre tes proches et tes amours.

Où et comment contacter Jean JEUDI DISANOA ?

C'est très facile ! Si tu aimes l'un de ses livres : trois options simples s'offrent à toi :

La première : poster un **avis** ou un **beau commentaire** sur la page de vente du livre que tu as aimé.

La deuxième éventualité : visiter et s'abonner au site *Mort De Rime !* (MDR) : *https://mortderime.wordpress.com* ou à sa chaîne *You tube* : *Ex père de jeux de mots.*

Et, la dernière enfin, envoyer un mail au *jeanjeudid@gmail.com.*

Très bonne lecture !!!

DEDICACE

A toi, évidemment ;

A toute ma famille ;

A tous les infectés et les affectés de la Covid-19.

AVANT-PROPOS

Je me suis réveillé un matin, et comme tout le monde, je devais saluer la première personne que j'avais vue. Du coup, encore comme tout le monde, je me suis contenté de lui dire simplement « Salut » !

Cependant, j'en ai eu marre de dire chaque jour plus ou moins la même chose. Et je me suis dit à moi-même : « Hey, si tu sortais des sentiers battus en cherchant une nouvelle façon plus stylé de dire bonjour » ?

De là, m'est venue l'idée d'imaginer une nouvelle manière de saluer qui serait à la fois originale, drôle, ludique et, surtout, en rime. Ainsi est né ***Un Jour, Une Salutation***.

En résumé, il s'agit d'un ensemble de jolis messages pleins de jeux de mots autour d'un thème, d'un domaine de la vie, d'un métier ou d'un type de personne à partir duquel est construit un texte de salutation quotidienne sous forme de petit poème à lire soi-même ou à adresser à ses proches.

Le but est de dire bonjour à la personne qu'on aime beaucoup en lui filant la pêche et la bonne humeur en même temps.

Jean JEUDI D.

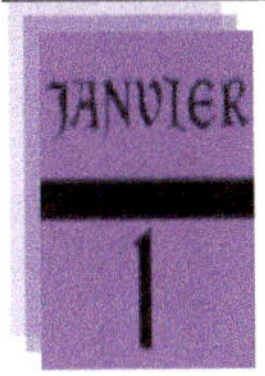

Journée mondiale de la Paix
Pour commencer l'année en paix !

J'aimerais que la journée te soit bénéfique.

C'est pourquoi ma salutation est pacifique.

Je veux que tu connaisses la sérénité

Et que la joie te couvre de tranquillité.

La paix vient quand l'enthousiasme déborde.

En riant, tu vivras la vraie concorde.

Seul un beau sourire te rendra placide :

Te réjouir, il faut que tu le décides.

1

Journée mondiale de la science-fiction, Voici une salutation d'anticipation !

Aujourd'hui, mon bonjour-garou se veut fictif,

Pour faire appel à ton esprit créatif.

Comme dans un film de science-fiction

Je veux t'offrir ma joie par vampirisation.

Rejoins-moi dans cet univers fabuleux

Où le Bonheur-zombie a des yeux globuleux ;

Il te verra et il va te zombifier

Pour qu'une liesse alien puisse te magnifier.

2

#Même dans un univers parallèle

L'oiseau de ta joie n'aura pas du plomb dans l'aile.

Jean JEUDI D.

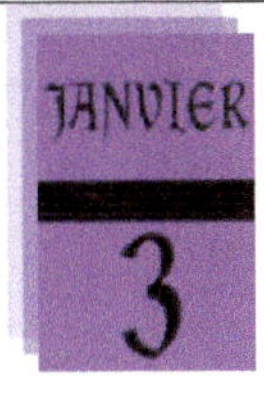

Pour tes beaux yeux !

Comme ma bonne humeur saute aux yeux

Je te salue comme les gens de Lisieux.

J'ai voulu te faire un petit clin d'œil

Pour que du malheur tu fasses le deuil.

J'aimerais que tu sortes de la routine.

Pour que la joie se reflète sur ta rétine.

Avec le sourire, tu peux tout avoir.

Le bonheur sur ta figure, je veux le voir.

3

Pour ceux qui ont du nez !

Comme ma bonne humeur a du flair

Je te dédie ma salutation éclaire.

Comme mon entrain se sent même à l'odeur,

Pour être dans le fun, tu dois doubler d'ardeur.

Ma gaieté sent bon comme la mandarine.

Tu peux la percevoir de tes narines.

Si tu souris chaque jour pour te plaire,

Le bonheur, tu le sentiras de ton blair.

4

Jean JEUDI D.

Pour ne pas baisser pavillon !

Aujourd'hui, ma liesse est sans pareille,

Tu peux l'entendre si tu tends l'oreille.

Il est inutile de te mettre en colère

Avec cet enthousiasme auriculaire.

Si tu veux que, les plaisirs, ton cœur les englobe,

Suspends un anneau d'allégresse à ton lobe.

J'aime que la joie résonne dans tes tympans

C'est pourquoi je te fais ce bonjour pimpant.

5

Pour ne plus avoir la langue dans ta poche !

Avec la bonne humeur, il faudrait prendre langue ;

C'est pourquoi je t'en parle dans ta langue.

Je voudrais t'égayer les papilles

Pour que brillent intensément tes pupilles.

Comme ma fougue est charnue et mobile

Ta joie s'articulera de façon habile.

J'aimerais que tu arrêtes de douter,

Ma salutation bonne, il te faut la goûter.

6

Jean JEUDI D.

Pour que le bonheur te colle à la peau !

Aujourd'hui, lisse salutation cutanée,

Pour te procurer une joie instantanée.

Comme le bonheur se perçoit mieux au toucher 7

Avec mes mots doux, je veux te toucher.

Se plaindre tous les jours est inane.

Puisque les soucis sont des peaux de banane.

Si jamais tu es à fleur de peau,

Avec la gaieté, tu vas avoir du repos.

#Pour atteindre le bonheur, sois ferme

Et tu le verras même sur ton épiderme.

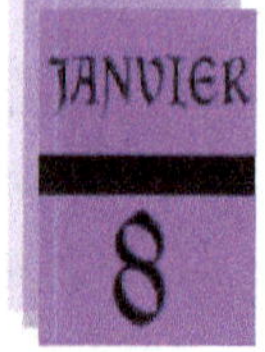

Pour les continents !

Je te salue d'une bonne terre émergée

Vu que du plaisir, mon cœur est submergé.

A tes soucis insulaires, mets un terme.

Si tu veux sourire, c'est à la terre ferme !

Longe la côte pour t'enjouer à satiété.

Car c'est sur le rivage que tu peux fêter.

Laisser couler sa joie est impertinent.

Le vrai bonheur se trouve sur le continent.

8

Jean JEUDI D.

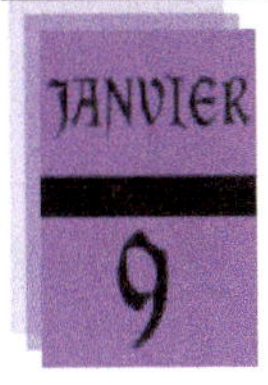

A l'occasion de la journée mondiale de l'Ile de beauté !

Comme la Corse est bordée d'eau de tous côtés

Je t'entourerai de ma gaieté en beauté.

Je te dis bonjour depuis un bel archipel

Puisqu'à la bonne humeur je t'appelle.

Je veux que ta joie remplisse mille silos

En émergeant dans ton cœur comme un îlot.

Profite de mon enthousiasme insulaire.

Considère-le comme ton seul salaire.

9

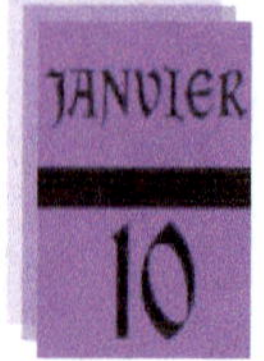

Tu vas en voir de toutes les couleurs !

Comme d'un bleu clair est coloré le ciel

Mon entrain arc-en-ciel ne sera pas superficiel.

Tu n'as plus à broyer du **noir**.

Ma gaieté en suspension, tu peux la boire.

Tu n'as plus à pleurer ou à rougir

Puisque pour ton bonheur rosé, je veux agir.

Tu n'as plus à rire jaune comme jadis.

Car je veux que ta liesse orangée grandisse.

Et maintenant, je me donne le feu vert

Pour te dire bonjour avec un cœur ouvert.

10

Jean JEUDI D.

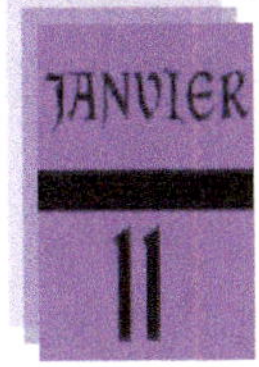

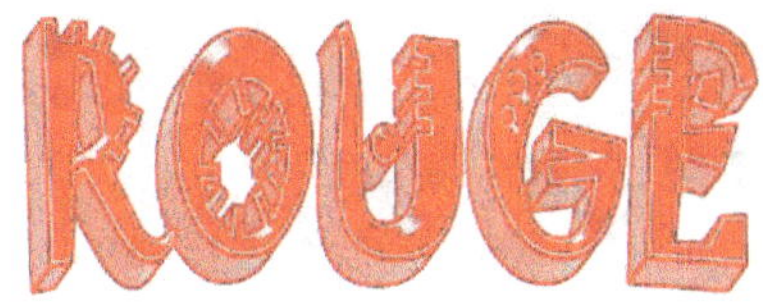

**Pour te faire coucou, j'ai mis du rouge,
Mais pas besoin de voir rouge !**

Aujourd'hui, j'ai envie de te faire rougir.

Pour ta satisfaction, je veux agir.

Mon fun est juteux et plein de surprises,   **11**

Car bien rouge comme une tomate cerise.

Si ton entrain est vif et chaud comme le sang,

Tu vas vivre ton bonheur comme tu le sens.

Je veux réveiller ta joie de son sommeil.

Pour t'enjailler, je mettrais du vermeil.

Avec cette salutation, de ma joie, je veux te faire un dessin !

Comme j'adore que ta liesse se déclenche

Je te salue dès la première planche.

Comme j'aime que la joie te soit bénéfique,

Pour ça, je te dédierai un roman graphique.

Pour raconter l'histoire de ton plaisir

Je dessinerai ton ennui en train de gésir.

Si tu veux faire fuir tes cauchemars,

Lis et apprécie le bonheur du neuvième art.

12

Jean JEUDI D.

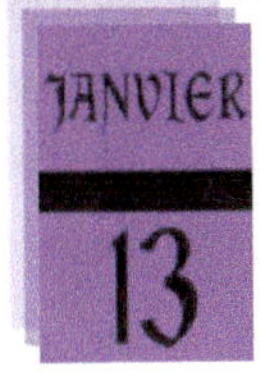

Franchement, chapeau !

Aujourd'hui, salutation chapeautée,

J'ai envie de t'émoustiller en beauté.

Si tu veux faire de te réjouir une quête

Coiffe-toi avec le bonheur en casquette.

Si tu veux donner à ton cœur du répit,

Confectionne ta joie en forme de képi.

Si tu veux t'en sortir comme un chef,

Fais de l'enthousiasme ton couvre-chef.

13

Ceci n'est pas un tissu de mensonge !

Je voudrais t'adresser ce bonjour textile

En t'étoffant de rire de façon subtile.

Pour te parer de fun, j'ai trouvé l'issue.

Ma bonne humeur a mis ses plus beaux tissus :

Mon allégresse s'est vêtue d'or et de soie ;

Mon enthousiasme de coton : ça va de soi.

Si ton cœur gèle, j'ai un pull de joie en laine.

Je t'égaierai jusqu'à en perdre haleine.

14

Jean JEUDI D.

VÊTEMENTS

Journée mondiale sans pantalon ; et comment on fait pour se serrer la ceinture ?!

Je te salue pour t'habiller de plaisir.

Car vêtir ton cœur d'allégresse est mon désir.

Pour te protéger des soucis strictement   **15**

Fais de la gaieté un survêtement.

Te voir sourire me servira de trophée

Et ton entrain en sera plus qu'étoffé.

Comme, pour moi, râler, c'est démodé,

Enfile les tissus de joie que j'ai brodés.

Pour en mettre plein la vue !

Aujourd'hui, la bonne humeur se perçoit,

Peu importe comment tu la conçois.

Le fait de se plaindre amène des confusions.

Le bonheur doit être dans ton champ de vision.

Avec la joie, tu auras une très bonne vue.

Donc, tes bonnes ondes, passe-les en revue.

L'entrain, dans ma salutation, tu peux la voir

Et, ton bien-être, en riant, tu pourras l'avoir.

16

#Ce que tu peux lire dans mon regard,

C'est le bonheur que je veux à ton égard.

Jean JEUDI D.

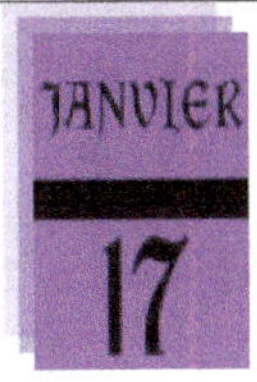

Au pif !

Ma gaieté se perçoit par son odeur active

Parce que ma salutation est olfactive.

Comme la joie a la plus belle odeur

Tu dois la respirer en profondeur.

17

Puisque le bonheur peut se sentir.

Je t'invite à le flairer pour te divertir.

Comme mon allégresse est bien parfumée.

Si tu veux le vivre, tu n'as qu'à la humer.

Pour être tout ouïe !

La voix du plaisir, tu dois l'écouter

Pour que sa saveur, tu puisses la goûter.

J'aimerais te voir sourire jusqu'aux oreilles,

Car mon envie de t'enjouer est sans pareil.

Mes cris de joie, tu dois les entendre

Pour qu'au bonheur tu puisses tendre.

Mes bons mots ne veulent que te réjouir

Vu que, ma salutation, tu peux aussi l'ouïr.

18

Jean JEUDI D.

Miam miam !

Hey, mon bon bonjour, il faut que tu la goûtes

Pour qu'enfin la tristesse te dégoûte !

Avec ton cœur, ma joie veut prendre langue,

Je peux te le dire même en plusieurs langues.

19

De mon allégresse, apprécie la saveur.

Si tu veux rire, je t'offrirais ma ferveur.

Le plaisir sain, il faut que tu la grappilles.

Le bonheur va bien délecter tes papilles.

Pour palper le bonheur du doigt !

Aujourd'hui ma salutation se touche.

Je ne veux pas te mettre sur la touche.

Comme mon plaisir est devenu cutané,

Ma joie se perçoit de façon spontanée.

Ma liesse se voit et peut se toucher ;

Touche-la et, en toi, il va tout déboucher.

Laisse que, ta main, ma jovialité la tienne

Pour qu'à jamais tu la fasses tienne.

20

Jean JEUDI D.

Pour les pragmatiques !

Comme j'aime tout ce qui t'ait agréable

Je te fais part de mon bonjour si palpable.

J'adorerais faire de ton cœur ma cible.

21

C'est pourquoi ma salutation est tangible.

Comme je veux que la joie, en toi, ne s'arrête.

Apprécie donc ma tendresse concrète.

Avec un sourire, rien de plus basique.

Accueille mon enthousiasme physique.

Une petite douceur ?!

Je veux t'offrir ma salutation affable

Comme la tristesse est une chose détestable.

Les sourires sont de petites douceurs.

Ils te relaxeront comme de vrais masseurs.

Je te réjouirai avec mes mots soyeux

Pour rendre tout ton corps joyeux.

Le bonheur, n'arrête pas de l'attendre

Parce que c'est le sentiment le plus tendre.

22

Jean JEUDI D.

Pour remplir ta vie de tendresse !

Il n'y a absolument rien de délictueux

Dans ce message plutôt tendre et affectueux.

Je veux te bichonner avec mes phrases

Et souhaiter que le bonheur t'embrase.

J'aimerais que ces mots doux puissent te choyer

Pour que le plaisir, tu puisses le tutoyer.

Pour ne jamais connaître le spleen :

Accueille ma salutation très câline.

23

Juste un petit sourire !

Aujourd'hui, je veux te saluer en riant,

Pour que tes yeux deviennent brillants.

Moi, je ne désire que ton cœur rigole

Alors jette tes colères dans une rigole.

Bidonne-toi, jusqu'à en perdre haleine :

Lâche-toi, ris même comme une baleine.

Comme j'aime que, sur toi, règne le sourire

J'aimerais te faire plaisir à en mourir.

24

Jean JEUDI D.

Je veux te taxer de tous les mots, doux !

En ce jour où ma gaieté n'a pas d'égal,

Je ne paierai pas d'impôt même légal.

Si on taxait l'entrain de façon radicale,

Je ferais de milliers de fraudes fiscales.

Pour t'excéder de fun, je prendrai de grands risques :

Je vais t'enjouer sans compter ; je me fous du fisc.

N'aie peur d'en toucher de milliards de joies affables

Puisque ma salutation n'est pas imposable.

25

Un petit contrôle ?!

Aujourd'hui, ma salutation est douanière

Comme je porte le sourire en bandoulière.

Du plaisir, il ne faut que tu te dédouanes

Puisque la joie doit être dans ton patrimoine.

Dans ton cœur, tout doit être organisé

Pour que la déception n'y soit autorisée.

Je fais de t'émerveiller mon rôle

Pour qu'à la frontière on ne te contrôle.

26

#Pour ton cœur, je me ferai agent de douane

Pour n'y faire entrer que les plaisirs idoines.

Jean JEUDI D.

« Dura lex sed lex » !

Aujourd'hui, message totalement légal.

Ton existence, ça va être un pur régal.

Pour creuser ta joie, utilise la mègle

Et fais de sourire ton unique règle.

Tu dois t'émerveiller comme dans une foire

Et faire de cela un droit et un devoir.

Je crois que te saluer est de bon aloi

Vu que, pour moi, c'est plus qu'une loi.

27

C'est la Journée mondiale de la protection civile ; voici mes civilités !

Comme je déteste tout ce qui est vil

Je te salue nonobstant ton état civil.

Je ne vais pas t'ordonner de te taire

Puisque je ne suis pas militaire.

Je fais de t'offrir le bonheur un devoir

Et j'en fais un droit de te le faire savoir.

Pour que tu atteignes un entrain citoyen

Tu dois utiliser tous les moyens.

28

Jean JEUDI D.

Qui n'esquisse un rire total
Aura la peine capitale !

Comme, pour moi, être triste est une infraction

Si tu l'es, tu auras une condamnation.

Je t'adresserais une salutation pénale

Si tu crois que mon plaisir est banal.

Je te condamnerais à rire bruyamment.

Et je t'incarcérais dans la joie sciemment.

Je t'apprécie ; je le dis et je le répète :

Ne pas te réjouir te coûtera la perpette.

29

Cette salutation, c'est ta Police de réjouissance ?!

Sans toutefois avoir un grade d'officier

Je te salue comme le font les policiers.

Je voudrais te passer une information :

Tous tes soucis sont en état d'arrestation !

Je veux mettre de l'ordre dans ton cœur

Et passer les menottes à ta rancœur.

J'ai libéré ma joie et ma tendresse.

C'est pourquoi, en tenue, je te les adresse.

30

Jean JEUDI D.

Je te réjouirai même manu militari !

Aujourd'hui, la salutation est militaire.

Je te dis bonjour de façon autoritaire.

Je ne peux pas te le cacher, je l'avoue :

Ma bonne humeur est déjà au garde à vous.

Ma joie a déjà enfilé sa tenue

Pour t'enlacer totalement, sans retenue.

T'amuser, je le ferai jusqu'à en mourir,

Et ma solde ne sera que ton sourire.

31

C'est la saison des amours !

Aujourd'hui, salutation saisonnière,

De tes souches d'entrains, fais-en une pépinière.

Si, pour éviter le goitre, il faut de l'iode,

Pour festoyer, c'est la bonne période.

Comme le climat semble bien l'annoncer

En cette saison, ta joie sera prononcée.

Tu dois rire à cette époque de l'année,

Pour que ton plaisir ne puisse faner.

32

Jean JEUDI D.

Comme c'est la Journée mondiale des zones humides, n'hésite pas à te mouiller dans la vie !

Comme j'aime qu'en toi pleuve l'exultation

Je veux t'enjouer avec des précipitations.

J'espère que mon bonjour tombera à pic

33

Que je l'aie fait ou pas sous les tropiques.

Je t'éblouirai même en saison de pluie.

Puisque, dans mon cœur, le soleil luit.

Je veux t'inonder avec ma joie de vivre

Pour que le bonheur, tu puisses le poursuivre.

Pour t'amuser par effet boule de neige !

Aujourd'hui, je veux que tu te prélasses,

Pour que l'enfer de tes soucis se glace.

Alors qu'il fait un froid de canard

Je vais te passer le bonjour peinard.

Reçois mon avalanche de compliments

Pour qu'il neige en toi des plaisirs infiniment.

Tes ennuis, la bonne humeur les enneigera

Et, dans un bonheur tout frais, tu siégeras.

34

#Telle une froide journée d'hiver

La joie gèlera tes brûlants soucis divers.

Jean JEUDI D.

C'est la Journée mondiale contre le cancer, alors continuons de le combattre !

Aujourd'hui, ma salutation est curative.

J'aimerais que pour te réjouir tu t'actives.

Si, des soucis, tu désires t'éloigner

Reçois ma gaieté qui pourra te soigner.

Pour épouser la joie, il n'y a pas de dot.

Des peines, la tendresse en est l'antidote.

Si tu veux que ta vie devienne happy,

Sourire est la meilleure des thérapies.

35

Cho-cho-cho chocolat !

Vu que ma joie a pleinement éclaté,

Je te fais ma salutation chocolatée.

Ta déception, tu dois la mettre K.O

En dégustant les délices du cacao.

Pour rigoler, pas besoin d'abdo en tablette.

Dans ton cœur, il faut que la douceur se reflète.

Le bonheur a le goût du chocolat au lait ;

Le spleen, n'y goûte même pas, il est trop laid.

36

#A part le sourire, il n'y a rien d'ailleurs,

Tel le chocolat suisse, il n'y a pas meilleur.

Jean JEUDI D.

Ceci n'est pas une salutation écrémée ?!

Aujourd'hui, inutile de t'inquiéter,

Reçois ce bonjour à la crème fouettée.

Comme un yaourt, ta joie doit être crémeuse ;

Il faut en faire une chantilly fameuse.

Si ta bonne humeur, tu la résorbais,

Goûte à la mienne glacée comme un sorbet.

A tes ennuis, le sourire doit faire échec,

Puisque le bien-être a le goût du milk-shake.

37

Pour toi qui es un petit peu soupe au lait parfois !

Comme j'aime te voir te délecter

Je t'adresse cette salutation lactée.

Avec ton cœur, je veux avoir le coup de foudre.　38

Ma joie peut en devenir du lait en poudre.

En toi, le fun coulera, tu vas trop aimer :

Car l'entrain est bon comme le lait écrémé.

Je ferai de mes sourires des laitages

Pour que, dans ton cœur, ils restent en héritage.

Jean JEUDI D.

Journée mondiale sans téléphones, c'est dur, mais essayons quand même !

Aujourd'hui, j'aimerais te faire un rappel,

A ta bonne humeur, je veux refaire appel.

Pour que ton enthousiasme se profile,

Mon entrain te passera un coup de fil.

Je sais, ç'a l'air un peu téléphoné.

Mais ta bonne humeur ne fait que me passionner.

Comme un téléphone avec écran tactile

La joie donnera à ta vie du style.

39

Après la pluie … prends ton temps !

Aujourd'hui, un petit bonjour pluvieux,

Pour comprendre, pas besoin d'être plus vieux.

Dans un nuage plein de jubilations,

Ma bonne humeur est en condensation.

Je veux la changer en pluie qui fait sensation,

Faire de ma joie des précipitations,

Et à chaque goutte de mon allégresse,

Vois-y même le signe de ma tendresse.

40

#N'oublie pas pour autant :

« Après la pluie, le beau temps ».

Jean JEUDI D.

Aujourd'hui la météo a prévu une avalanche de sourires !

J'aimerais t'enneiger de plaisir de bon gré

Quand le thermomètre indique zéro degré.

Comme j'ai fini de faire mon manège

Je te salue sous une tempête de neige.

Ça caille, mais ma joie double d'ardeur.

Mon cœur est chaud malgré la froideur.

Toi, aussi, sors ta gaieté de son cocon

Et réjouis-toi à chaque tombée de flocon.

41

Après les journées enneigées, c'est le printemps !

Ma joie veut t'emmener au printemps

Peu importe le nombre de tes printemps.

Les hirondelles sont là et aussi mes rires.

Ton cœur frisquet, je veux le faire fleurir.

Ne garde pas la colère, elle flagelle.

J'aimerais que ton humeur triste se dégèle.

Pour faire fondre ton ennui et t'éveiller

Je te propose ce bonjour ensoleillé.

42

#Evite les joies glaciales et hivernales,

Car le bonheur n'est total qu'en saison vernale.

Jean JEUDI D.

A l'occasion de la journée Darwin

Je te fais cette salutation biologique

Parce qu'à l'ennui, moi, je suis allergique.

Je vais te féconder avec mes compliments

Pour faire évoluer tes bons sentiments.

Comme la douceur fait partie de mes gènes

J'ai envie de faire disparaître ta gêne.

Le processus de t'émerveiller met-le en phase.

Tu dois l'emmener jusqu'à la télophase.

43

Journée mondiale de la radio,
Je n'espère pas de ta part un silence radio !

Pour connaître un bonheur supersonique

Il faut aimer l'enthousiasme radiophonique.

Comme ne pas s'égayer est idiot.　　44

Je te salue comme on le fait à la radio.

Des joies, fais de ton cœur un auditeur

Pour bien les capter, comme un poste récepteur.

Pour te réjouir même en vacances :

Tu n'as qu'à te brancher sur la bonne fréquence.

Jean JEUDI D.

Joyeuse Saint-Valentin, les amoureux !

Je ne te ramène pas à la Rome antique

Quand je t'offre ce poème romantique.

Je te salue, toi, la personne que j'aime,

45

La personne qui m'intrigue plus qu'une gemme.

Par ces mots, je t'avoue tous mes sentiments.

Reçois mon amour et ma joie infiniment.

Pour que, dans ta vie, tu fasses des performances,

Fais de toute ton existence une romance.

Pour avouer ses sentiments !

Aujourd'hui, ma joie se traduit en émotion,

Et mon cœur est rempli d'affections.

L'ennui et les soucis sont à supprimer,

46

Seuls les bons sentiments sont à exprimer

Je ressens entrain, amour et allégresse :

Je veux te les faire vivre avec tendresse.

Je te fais ma salutation sentimentale.

Car ma bonne humeur n'est pas que mentale.

#La maussaderie n'est là que pour te mentir ;

La joie est le seul sentiment à ressentir.

Jean JEUDI D.

Celle-ci, c'est pour toi, beauté !

Je te fais ce petit bonjour mignon,

Pour qu'avec l'ennui, tu te crêpes le chignon.

Pour s'émerveiller avec plein d'élégance

Il faut éviter tout bonnement l'arrogance.

Ma belle joie, à jamais, je veux te l'offrir.

Car il n'y a rien de plus beau que ton sourire.

J'aimerais t'embellir de façon sympathique

En te souhaitant un bonheur plus esthétique.

47

Pour les top models !

Ma salutation est sur le podium.

Elle est belle, naturelle et sans silicium.

Tu dois faire de ton cœur un mannequin

Pour que ta joie soit gracieuse comme un requin.

Fais donc de l'Allégresse ton égérie

Puisqu'elle est très coquette, cette chérie.

Je veux que l'entrain, en toi, puisse défiler.

Alors du plaisir, n'ose plus te défiler.

48

#J'aimerais que le bonheur, en toi, se modèle

Pour que ta gaieté devienne top model.

Jean JEUDI D.

Pour faire son make up rapide !

Pour te faire rire, je veux t'enfariner.

Le bien-être, tu dois juste l'entériner.

Tu n'as plus besoin des fards à joue ;

Pour t'enjouer, je ferai à ta joie un ajout.

En souriant, tu n'auras jamais la fièvre.

La gaieté t'embellira tel le rouge à lèvres.

Pour tracer ton entrain, j'ai un eye-liner.

Je te salue pour faciliter ton bonheur.

49

Pour dévaliser les boutiques !

Ma personne est comme une grande surface.

Tu peux y acheter ce qui te satisfasse.

Si tu veux faire quelques emplettes

J'ai des plaisirs en édition complète.

Mon cœur est une boutique de sourire.

Si tu veux une bricole, il faut y accourir.

Viens y faire tes courses journalières

J'y vends des choses belles et familières.

Dans le magasin du bonheur tout est gratuit

Comme ce bonjour aussi, qui n'est pas fortuit.

50

Jean JEUDI D.

Journée mondiale de la justice sociale, tout le monde y a droit !

Je te fais une salutation juridique.

Je t'assure : ma joie est véridique.

Comme ton cœur est ma seule juridiction

Je suis une procédure d'exultation.

Je veux que tu sortes de l'eau tel l'exocet

Pour coller à ta tristesse un procès.

Tu dois éviter tous les soucis factices.

Le bonheur s'obtient uniquement en justice.

51

Pour ceux qui touchent du bois !

Aujourd'hui, mon bonjour vient des bois.

Il te rendra sobre même si tu le bois.

Pas besoin d'être forcément ébéniste — 52

Pour connaître le vrai bonheur, j'insiste.

Pour mettre tes peines aux abois

N'utilise pas de langue de bois.

Tes soucis, il te faut tous les raboter.

Car, les ennuis sont faits pour être sabotés.

Jean JEUDI D.

Pour faire un bras de fer !

Comme ma salutation est en tantale.

Pour t'enjouer, pas besoin de jouer du métal.

En rigolant, ta colère va s'émacier

Et mon fun va t'offrir un entrain en acier.

Ma liesse, en fer, est un matériau durable.

Avec lui, tu bâtiras une joie incassable.

Pour résister aux ennuis sourire est utile

Puisque, je t'assure, le bonheur est ductile.

53

Pour les cœurs de pierre !

Je te fais cette salutation en béton,

Car ma joie est écrémée comme du metton.

Je veux que ton plaisir soit physiologique,

Alors reçois ce message géologique.

Comme ma gaieté est en matériau durable

Mon objectif est de te rester agréable.

A la pomme du bonheur, il faut que tu croques

Pour que ton entrain soit solide comme un roc.

54

Jean JEUDI D.

Cette salutation, elle vaut de l'or !

Comme je n'ai pas un cœur de pierre

Je te salue de la plus belle des manières.

Le bonheur te parera d'or et de diamant.

55

Et il te parera d'améthyste sciemment.

Comme tu as plus de valeur qu'une émeraude

Dans ton cœur, je veux que la suavité rôde.

Ta joie est plus précieuse qu'un rubis.

Je ferai de t'égayer ma seule lubie.

Dans celle-ci, il n'y a pas anguille sous roche !

Aujourd'hui, petit message rocailleux.

J'aimerais te saluer comme tes aïeux.

Tu peux avoir un cœur de pierre

Si seulement elle est précieuse tout entière.

J'adore te faire part de mes sentiments

Qui se solidifient comme les sédiments.

Ça doit être clair comme l'eau de roche :

Au bonheur, il faut que tu t'accroches.

56

Jean JEUDI D.

Cette salutation est une mine, du bonheur !

La colère n'est là que pour te distraire.

L'enthousiasme. de ton cœur, j'aimerais l'extraire.

Si. pour ta gaieté. on pourrait me faucher.

Pour ton bonheur. j'exploserai des rochers.

Le bien-être est comme du minerai :

Si tu veux l'exploiter. tu le ferais.

Même si. pour t'éblouir. il faut que je creuse.

Je te saluerai même en heure creuse.

57

Pour toi, je minerai !

Mes yeux brillent de façon littérale

Quand je te fais ce bonjour minéral.

Je t'assure, ma parole est d'argent :

Elle va éblouir ta vie en y immergeant.

Ton cœur est aussi précieux que de l'or.

Donc, il faut que la joie puisse y éclore.

Je compte te faire plaisir incessamment.

Car j'aime que tu rayonnes comme un diamant.

58

#Je rendrai ton cœur précieux comme un minerai.

S'il faut en être esclave, je le serais.

Jean JEUDI D.

Pour ceux qui ont un grain de folie !

Aujourd'hui, salutation sablonneuse.

Pour sourire, pas besoin de tronçonneuse.

Je veux t'émerveiller comme je dis souvent.

Je ferai de ma joie des sables mouvants.

Ça ne sert à rien de péter un câble :

Les ennuis sont des tempêtes de sable.

Pour vivre un bonheur sableux

Tu ne dois plus en avoir une peur bleue.

59

#Choisis le rire si tu veux une joie stable :

L'euphorie fait des plaisirs en château de sable.

Pour te sortir de la boue !

Quand mon plaisir devient vraiment entier

J'adore te saluer comme les potiers.

Ne laisse personne te plonger dans la boue :

De ton chagrin, tu dois en venir à bout.

Brise tes peines comme un pot d'argile

Pour que ton entrain puisse rester agile.

Si tu rends ton humeur malléable

Le sourire t'offrira une joie impeccable.

60

Jean JEUDI D.

Pour qu'on te lâche un peu les baskets !

Je veux te saluer sur un parquet ciré

Quand toutes tes déceptions seront retirées.

Tous tes ennuis, tu dois les dribbler

Pour que la vraie gaieté puisse te cibler.

61

Evite donc les plaisirs à deux balles.

Pour que tu t'enjailles, avec une seule balle.

Si tu as une joie avec de l'embonpoint.

Tu ne feras que des paniers à trois points.

MARS 2

On se fait quelques longueurs ?

Je te propose ma salutation douce

Comme j'aime que tu te la coules douce.

Si tu veux faire du plaisir ton apanage

Rejoins le bonheur à la nage ;

62

Tu vas y arriver en quelques brasses

Si tu laisses que la bonne humeur t'embrasse.

La haine et les ennuis sont des salauds,

Alors avec la joie, jette-toi à l'eau.

Jean JEUDI D.

Pour obtenir ton bonheur, tu peux toujours courir !

Aujourd'hui, salutation marathonienne,

Je veux que ta bonne humeur advienne.

La douceur nous emmène tous à sourire.

63

Pour l'avoir, il te suffit de beaucoup courir.

L'enthousiasme te gardera dans la course

Et la joie te rendra ce que tu débourses.

La gaieté te fera bouffer des kilomètres

Pour que, le bonheur, tu puisses mieux le connaître.

Journée mondiale du tennis :
Jeu, set et match !

Comme ma bonne humeur est sur le court

Je te salue en faisant au rire un recours.

Comme j'adore qu'au bonheur tu t'unisses

64

J'aimerais t'amuser d'un trait, comme au tennis.

Se laisser aller à la colère est un vice.

Je compte te faire plaisir d'un seul service.

Je veux te passer la joie d'un revers

Pour que tous tes soucis connaissent des revers.

Jean JEUDI D.

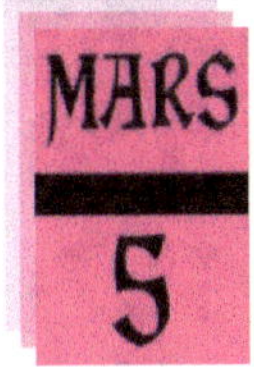

Une petite infusion pour faire illusion !

Aujourd'hui, ma joie est curative.

Elle veut apaiser tes peines afflictives.

Si ton âme a sombré dans la confusion,

Je t'offrirai la gaieté par infusion.

Je t'adresse cette salutation qui soigne

Puisque j'aime que, des soucis, tu t'éloignes.

Je t'écris ces bons mots à la camomille

Vu que tu fais partie de ma famille.

65

Cette salutation, c'est la crème de la crème du café crème !

Comme chaque jour il te faut t'esclaffer

Je t'offre un bonjour dans une tasse de café.

Je veux que, dans la bonne humeur, tu t'entasses. **66**

De la jovialité, bois plusieurs tasses.

Bois l'expresso du rire aux saveurs extrêmes

Et ta gaieté sera recouverte de crème.

Tous tes sourires, mouds-les sans façon,

Pour en faire une chaude boisson.

Jean JEUDI D.

Celle-ci, c'est juste pour thé saluer !

Aujourd'hui, mon humeur est calmante.

Je te salue avec un thé à la menthe.

Le bonheur doit faire partie de ta vision ; **67**

C'est pourquoi je t'offre cette infusion.

Comme une tisane de thé, le rire apaise.

Car une décoction se boit quand la vie pèse.

Vois cette salutation comme une théière

Pleine d'amour et bois-la tout entière.

Journée mondiale des droits des femmes : Girl power !

Quand ma gaieté a fini sa gestation

J'ai accouché, en joie, cette salutation.

Comme l'allégresse, je suis au féminin

Et mon bonheur n'est ni maigre ni nain.

J'ai utilisé mon sixième sens

Pour t'adresser ces mots pleins de sens.

Si tu veux le plaisir sans faire du ramdam,

Tiens-toi bien comme toutes les grandes dames.

68

Jean JEUDI D.

Une salutation pour faire corps avec toi !

Aujourd'hui, une salutation anatomique.

J'aimerais te montrer ma partie comique.

J'ai envie d'émoustiller tout ton corps.

Lève le pouce montrant que tu es d'accord.

J'ai la joie de la tête aux pieds.

Si tu en veux, j'en ferais ton marchepied.

Avec mon sourire, sers-toi les coudes.

En riant, tu auras plus d'huile de coude.

69

La vie, c'est musclé !

J'aimerais te mettre très à l'aise,

Avec ce bonjour qui te rendra très balaise.

Pas besoin d'haltère ou de gagner au loto,

Pour que ton plaisir joue des biscotos.

Si, pour se muscler les pecs, on fait des pompes,

Pour s'enjouer, tout, sur la bonne humeur, on pompe.

La joie est une quotidienne, pas un hebdo :

Elle t'aidera à te muscler les abdos.

70

Jean JEUDI D.

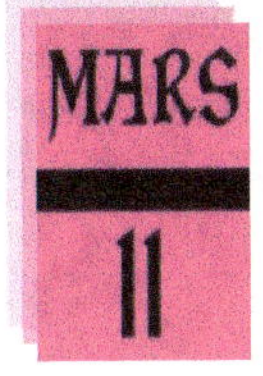

Journée mondiale de la plomberie, alors hors de question de plomber l'ambiance !

Je te salue comme un plombier

Pour te sortir de l'ennui, ce bourbier.

Dans ton cœur, je ferai des canalisations

Pour vite y acheminer mon exultation.

J'ai envie de te divertir avec brio.

Pour t'égayer, je te filerai un tuyau

Qui va remettre tes plaisirs d'aplomb :

« Il ne faut jamais péter les plombs » !

71

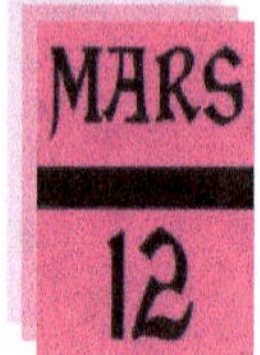

Pour faire une fleur à quelqu'un !

Je te fais cette salutation florale

Même si ce n'est pas de façon orale.

Je n'aime pas qu'un souci ne t'effleure

Puisque, pour moi, ton cœur est une fleur.

Pour préserver ton parfum et ta beauté

Toute source de fanure, je vais ôter.

Ton bonheur finira sa floraison

Si, des tracas, tu finis par avoir raison.

72

Jean JEUDI D.

Je t'aime !

Pour t'éviter tout ce qui est douloureux

Je te salue avec ce bonjour amoureux.

Comme l'insinue bien cette salutation

J'aimerais t'avouer toute ma passion.

Je veux te couvrir de mon amour intense.

Je t'aimerai peu importe la distance.

Aujourd'hui, je viens t'ouvrir mon cœur :

Je t'aime et je peux le chanter en chœur.

73

Pour être un bon mari !

En ce moment où l'allégresse me rejoint,

Je te salue tel le ferait un bon conjoint.

Comme je sais que faire rire est légal,

Je fais de te réjouir un devoir conjugal.

J'aimerais que ton entrain, à moi, ne varie ;

De ta joie, mon cœur doit rester, seul, le mari.

Si tu veux connaître une liesse totale

J'aimerais que tu ries de façon maritale.

74

Jean JEUDI D.

Pour être une excellente épouse !

Comme contre ta gaieté il n'y aura rien.

Accueille mon message d'amour uxorien.

Comme j'aime que ta haine soit broyée

Je te salue comme une femme au foyer !

Ma joie veut rester l'épouse de ton plaisir

Pour assouvir et satisfaire tes désirs.

Pour t'émerveiller, je mettrai la robe

Afin que de la tristesse, tu te dérobes.

75

Pour les sains d'esprit !

Aujourd'hui, une salutation mystique.

J'aimerais t'ébaudir de façon holistique.

La joie de te voir rire n'a pas de prix.

Je veux t'amuser avec mes mots d'esprit.

L'embarras ne doit pas te faire peur.

Les problèmes sont des esprits frappeurs.

Réjouis-toi du cœur au cortex préfrontal

Puisque le bonheur est d'abord mental.

76

Jean JEUDI D.

PSYCHOLOGIE

Ce n'est pas de la psychologie inversée !

Aujourd'hui, je fais une petite analyse :

Ta joie n'adviendra qu'après une psychanalyse.

Comme je n'aime pas le cynisme

Mon bonjour va aussi divertir ton psychisme.

La tristesse, à mes yeux, est une psychose :

Pour moi, colère et ennui en sont les causes :

Il te faut sortir de leurs dépendances

Pour que ta gaieté soit en abondance.

Pour se réjouir, pas besoin de piqûre.

Du spleen, le sourire en est la seule cure.

77

Pour carburer au bonheur !

Afin que se meuve ton cœur que je cible

Je t'offre la liesse en guise de combustible.

Ton plaisir sera comme du biocarburant,

Renouvelable, écolo et très rassurant.

Pas besoin des tonnes de kérosène

Pour s'envoler dans les plaisirs zen :

Seule une simple salutation peut suffire

Surtout quand elle brille comme le saphir.

78

Jean JEUDI D.

Comme un coup de tonnerre !

Aujourd'hui, mon plaisir est tonitruant,

Il va détruire ton seum, ce truand.

Même sous un bruit sec de tonnerre

79

Je vais bien te saluer pour calmer tes nerfs.

De ton être, j'aimerais faire la ronde.

Puisque le bonheur, dans le mien, gronde.

Ma joie annonce que je souhaite te plaire

Comme la foudre s'annonce en un éclair.

Crois-moi, cette salutation est un foudre de guerre !

Je te fais cette électrique salutation.

Car la Foudre, c'est lumière et détonation.

Alors que le ciel n'est plus du tout clair,

Je viens t'éblouir avec ce bonjour éclair.

Tes soucis se sont attirés mes foudres

Avec ta tristesse, je compte en découdre.

Tes coups de blues seront foudroyés

Quand, le vrai bonheur, tu vas te l'octroyer.

80

Jean JEUDI D.

Pour entretenir la flamme !

Pour attiser l'ardeur de ta ferveur

Je te salue avec un regard rêveur.

J'espère que la joie pourra t'embraser ;

Que toute ta peine, tu pourras l'écraser.

Je t'offrirai le plaisir que tu réclames

Pour que ton cœur soit tout feu tout flammes.

Pour te divertir, je ferai des sacrifices

Et ta jouissance en sera le feu d'artifice.

81

Je ne sais pas toi, mais moi, j'ai l'eau à la bouche !

Aujourd'hui, mon bonheur est viscéral.

Il est aussi bon que de l'eau minérale.

La bonne humeur, dans mon âme, éclate

Et rafraîchit autant que de l'eau plate.

Je t'adresse ce bonjour qui désaltère

Avec un sourire aux vertus alimentaires.

Je t'assure qu'en osant t'épancher

Ta soif de jovialité sera étanchée.

82

Jean JEUDI D.

Journée mondiale de la météorologie
Et, comme tous les jours, un petit bulletin !

Bonjour ! Bref bulletin météorologique.

Prépare-toi à un climat assez magique.

Je veux te dire quel temps il va faire

Pour que formidable sois ton atmosphère.

83

Je t'annonce un ciel couvert de bonheur

Où le fun et le plaisir sont à l'honneur.

Comme tu peux très bien t'en apercevoir :

Les éclats de rires vont bientôt pleuvoir.

Ce petit poème se changera en pluie

Si tu rends ta vie agréable comme lui.

#J'aimerais t'apporter cette précision :

Tout ça n'est pas qu'une simple prévision.

A adresser à son petit rayon de soleil !

Aujourd'hui, il n'y aura pas d'orage,

Avec ce beau soleil dans les parages.

Comme cet astre, je veux que tu luises ;

Que jamais la poisse ne te nuise ;

Que la joie, en toi, ne cesse de briller

Afin que l'ennui ne puisse te titiller.

Je veux que tu rayonnes à chaque instant.

C'est pourquoi je te salue en insistant.

84

Jean JEUDI D.

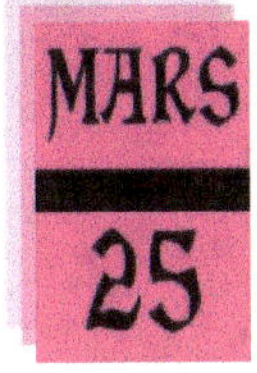

MARKETING

Journée mondiale contre la publicité, mais je compte sur toi pour me faire de la pub !

Aujourd'hui, je veux que tu te paies le sourire

Vu que je pense qu'il va te secourir.

Pour t'émerveiller, il faut ouvrir ton esprit.

Je te vends un bonheur au meilleur prix.

Ce n'est pas la peine de chercher,

Il n'y a pas mieux sur le marché.

Il coûte autant que ce bonjour non fortuit.

En fait, il ne te coûtera rien, c'est gratuit !

85

Avant de piquer un somme : voici ma salutation à dormir debout !

Comme je veux que ta colère crève.

Avec ce bonjour tu feras de beaux rêves.

Tu n'as pas à être forcément somnambule.

Pour recevoir le plaisir qui déambule.

Les problèmes sont comme des somnifères.

Il faut que tu fasses ce que tu préfères.

Avec la joie, tu dormiras paisiblement

Et tu atteindras le bonheur facilement.

86

Jean JEUDI D.

THEATRE

Et : coup de théâtre !

Mon plaisir à chaque fois se déclenche,

Quand ma bonne humeur est sur les planches.

Mon entrain comique est sans équivalent.

Mon cœur veut t'étendre tout son talent.

J'ai prévu, pour toi, le bonheur à chaque acte

Comme je veux œuvrer pour t'enjouer avec tact.

Accueille cette salutation mise en scène

Car, ma joie, même théâtrale, reste saine.

87

> #J'ai fait de mon fun une pièce de théâtre
>
> Et je l'exécuterai même avec un plâtre.

Pour les détracteurs du numérique !

Je te fais une salutation analogique

Pour prendre du recul technologique.

Je t'informe de ma gaieté en récital

Pour te sortir de ton monde trop digital.

Pas besoin de la joie du système binaire

Pour vivre un plaisir extraordinaire.

Sans numérique, tu sauras toujours sourire

Et pas besoin des gadgets pour le découvrir.

88

Jean JEUDI D.

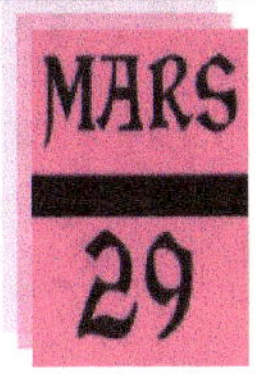

ORDINATEUR

Pour les geeks !

Pour offrir à ta gaieté une mise à jour

J'ai pensé t'adresser un cyber-bonjour.

Je ferai de toi l'icône de ma douceur

Comme j'ai pointé ton cœur avec mon curseur.

Pour t'emmener à sourire, je veux streamer ;

Le plaisir, j'adorerais te l'imprimer.

Ma joie, je peux te l'envoyer par e-mail.

A mon bonheur, j'aimerais que tu te mêles.

89

La Journée mondiale des médecins, c'est pour qu'on joue tous au docteur ?!

Je te fais une vraie salutation médicale.

Pour guérir ton spleen de façon chirurgicale.

La fièvre de ta haine ne pourra monter

Si, les plaisirs, je t'en injecte à volonté.

Moi, quand je suis triste, seule la joie m'aide.

C'est pourquoi tu dois la prendre comme un remède.

Il faut vraiment que je te le témoigne :

Sourire est le seul médicament qui soigne.

90

Jean JEUDI D.

Abracadabra !

Aujourd'hui, c'est pour ta joie que j'agis.

Pour rire, il te faut un peu de magie.

Les coups de blues ne font que jouer des tours.

Du plaisir, tu dois graviter tout autour.

L'entrain est un prestidigitateur ;

Il peut escamoter ton spleen, ce menteur.

Je veux te faire profiter du spectacle.

Du bonheur, fais de ton cœur le réceptacle.

Ma salutation n'est pas une illusion,

C'est à toi que ma gaieté fait allusion.

91

Poisson d'avril !

Comme j'adore t'égayer de temps en temps

J'adorerais te saluer même en plaisant temps.

J'aimerais que tes ennuis, tu les élagues.

92

Je veux t'enjailler en te faisant des blagues.

La joie de vivre, tu dois la redécouvrir,

Car l'humour n'est fait que pour faire rire.

Je t'amuserai même en forme de farce

En disant que rire t'emmènera sur Mars !

Jean JEUDI D.

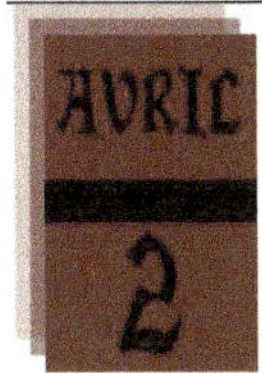

Le bonheur est là, arrête ton cirque !

Aujourd'hui, je veux te faire un cirque gratis

Pour que l'étoffe de ta bonne humeur se tisse.

Mes sourires sont d'agiles acrobates.

J'aimerais qu'avec ma joie tu t'ébattes.

Je ferai tout pour que ton cœur soit ravi.

Je monterai même un chapiteau dans ta vie.

Le bonheur ne se trouve pas au saloon.

Pour se réjouir, il suffit de faire le clown.

93

#Avec les rires, ma joie forme une troupe.

Si tu veux, tu peux faire partie du groupe.

Un petit tour de manège ?!

Aujourd'hui, au bonheur, il faut y croire.

J'aimerais te saluer comme dans une foire.

Dans mon cœur, c'est la fête foraine.

Viens te divertir, ne reste pas à la traîne.

Crois-moi, rire, c'est le plus cool des attractions.

Je t'assure, c'est le summum des distractions !

Ris, ta vie sera super fun comme un grand huit

Où tu te réjouiras cent mille fois de suite.

94

Jean JEUDI D.

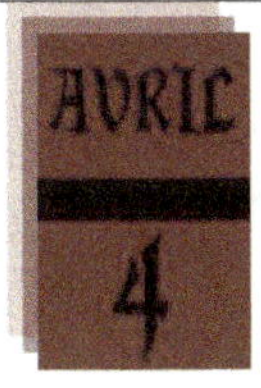

Pour faire sa fête à quelqu'un !

Comme aujourd'hui est un jour festif,

Je te dis bonjour en guise d'apéritif.

Le plaisir, il faut apprendre à le tutoyer.

Avec la bonne humeur, viens festoyer.

J'ai de la gaieté pour te mettre en appétit

Et de petits sourires faits en confetti.

Je t'invite à fêter en enjouant tous tes sens.

Viens vivre avec moi ces réjouissances.

95

HALTÉROPHILIE

Avec cette salutation, ton bonheur ne sera pas un poids trop lourd à soulever !

Reçois ma salutation haltérophile.

Avec cet enthousiasme, en moi, qui se profile.

Pour connaître le plaisir sur cette terre

Il faut soulever de gros altères.

La joie peut développer ta musculature

Et les sourires t'éviteront des fractures.

Tout ton chagrin, j'aimerais te l'enlever ;

Tes poids, j'aimerais t'aider à les soulever.

96

Jean JEUDI D.

Il va y avoir du sport !

Aujourd'hui, je veux te saluer à bras-le-corps,

Pour que le plaisir fasse bouger tout ton corps.

Contre les problèmes, je veux que tu luttes ;

Pour ça, je te propose des prises de lutte.

Comme au tir à l'arc, ta joie, tu dois la cibler.

Comme au handball, ton ennui, tu vas la dribbler.

Pour vivre le bonheur, il faut que tu essaies,

Et seul en riant, tu valideras l'essai.

97

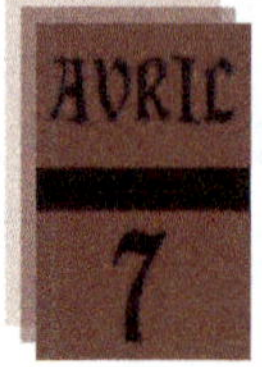

Bataille de polochons !

Pour que tu puisses à jamais vibrer

Avec une salutation je veux te chambrer.

Pour que les ennuis quittent ton atmosphère

Ma gaieté te servira de somnifère.

Pour que tu dormes en toute tranquillité

Avec la bonne humeur, tu peux t'aliter.

Pour que ton bonheur soit bien ambre,

Laisse-le entrer jusque dans ta chambre.

98

Jean JEUDI D.

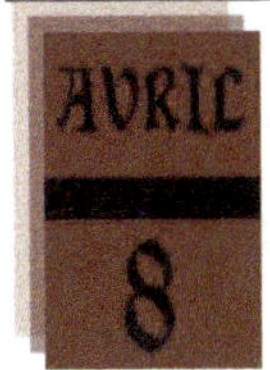

Pour envoyer ta peine à l'hosto !

Pour te combler d'une affection totale :

Je te salue avec soin comme à l'hôpital.

Combats chaque jour l'ennui qui rend malade,

En buvant tout un flacon de rigolade.

99

Tu n'as pas à entrer dans la panique.

Je veux te réjouir avec un plaisir clinique.

Le bonheur est le plus grand docteur.

Il guérit les soucis sans la moindre lenteur.

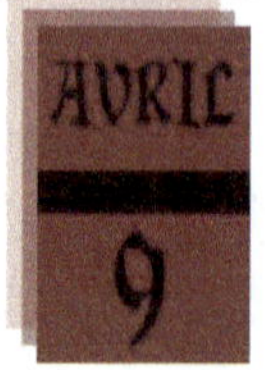

Qui travaille à l'autel …

Pour te montrer mon entrain hospitalier,

Je te salue tel le ferait un hôtelier.

La Satisfaction est un hôtel qui ne chambre.

Je t'y louerai volontiers une chambre.

La bonne humeur hébergera ton esprit.

Tu dormiras dans la joie à moindre prix.

Dans mon antre jovial, viens séjourner.

Tu peux venir la nuit comme la journée.

100

Jean JEUDI D.

Journée mondiale du golf : ça va swinguer !

En ce jour, ma salutation fait du golf,

J'aimerais t'enrichir comme les pays du Golfe.

Si jamais la colère te cherche des crosses,

Frappe-la en faisant de ton entrain une crosse. **101**

Tes ennuis, il faut que tu leur puttes la gueule.

Ris tous les jours, c'est mieux que faire un eagle.

Cherche à vivre une joie digne du paradis ;

Ça sera de la balle d'être ton caddy.

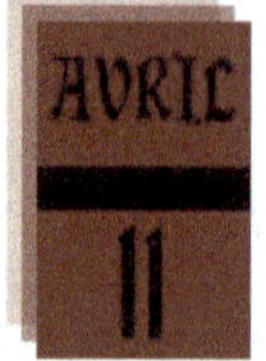

ENTRAINEMENT

**Cardio, Squats, Abdo, Dips, Pompe, Barre,
et on repart !**

Pour t'enjouer, tu dois te mettre à l'exercice :

Je te salue, en comptant de zéro à six !

Pour garder ton cœur fort et en forme,

102

Je te fais part de mon plaisir énorme.

Te laisser aller sera très idiot,

Tes sentiments ont besoin de cardio.

Pour ne plus que ta joie soit malade,

Fais chaque jour une séance de rigolade.

Jean JEUDI D.

Celle-là, c'est en mémoire du premier voyage spatial habité.

Aujourd'hui, mon enthousiasme est spatial :

Pas besoin d'avoir une humeur glaciale.

Voici un joli bonjour cosmique.

En cette ambiance astronomique.

Accueille donc ma salutation étoilée

Pour qu'en toi la joie puisse s'installer.

Je t'ai écrit ce texte à cœur ouvert

Du plus profond de l'univers.

103

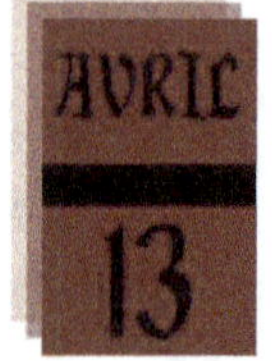

Veux-tu m'épouser ? Dis oui !

Mon cœur, avec ton humeur, veut se marier

Pour qu'elle ne puisse plus être contrariée.

En cette journée très spéciale,

Je voudrais t'offrir une joie nuptiale.

104

Mon entrain est beau, jeune et nubile.

Il te fait sa demande de façon habile.

Tu n'as qu'à dire oui à la proposition.

A épouser la joie de ma salutation.

Jean JEUDI D.

Pour le meilleur et pour le sourire !

Je te fais une salutation conjugale.

Si tu veux, prends-la comme un madrigal.

Mon bonheur t'a demandé en mariage

Pour dresser devant ton malheur un grillage.

Nos cœurs doivent être en communion

Pour garder la pérennité de leur union.

Et, pour préserver leur vie de couple,

Il faut que nos humeurs soient souples.

105

Cette salutation, c'est du grand art,
Car c'est la Journée mondiale de l'art !

Je viens te sculpter un bonjour artistique

Pour te faire mal aux zygomatiques.

Je peindrai bien ma gaieté sur ta face

Pour que ta mauvaise humeur s'efface.

Je veux graver le plaisir sur ton corps

Pour qu'avec le bonheur, tu sois en accord.

Je souhaite que tu t'amuses dare-dare,

Pour que tu fasses de ta joie une œuvre d'art.

106

Jean JEUDI D.

Le bonheur fait valser !

Aujourd'hui, mon entrain est sur le dancefloor,

Rejoins-le pour que ta joie puisse éclore.

J'adorerais que ton cœur aille sur la piste

Et qu'il se déhanche pour montrer qu'il existe. **107**

Je veux te voir rire avec des pas de danse

Afin que ton humeur maintienne la cadence.

J'aimerais que ton plaisir puisse évoluer.

En gardant le rythme, j'ai daigné te saluer.

Pour le vil âge !

Je te destine ce message villageois

Pour te démontrer toute ma joie.

Je te salue gaiement comme à la campagne

Avec l'allégresse qui m'accompagne.

J'ai envie de t'enjouer, il faut me croire.

Je veux faire du bonheur ton nouveau terroir

Où on guérit la peine en buvant des tisanes

Tout en commandant des pizzas paysannes.

108

Jean JEUDI D.

Pour le site à daim !

Je donnerai à ton cœur le statut de ville

Comme je veux y édifier une joie civile.

Je te dédie cette salutation urbaine

Pour t'annoncer que le plaisir est une aubaine. **109**

J'aimerais que ton âme soit une métropole

Où ta gaieté sera le plus grand people.

Que tu vives ou pas dans une belle cité,

L'entrain, en toi, doit être une nécessité.

Ta joie, j'en ferai toute une histoire !

Je te fais cette adresse comme jadis

Pour multiplier ton bonheur par dix.

Je te dédie ma salutation historique

Et ma gaieté n'est pas du tout théorique.

La déception et l'ennui, c'est du passé.

Je veux que tous tes soucis soient effacés.

Ma joie t'ébaudira même s'il est vétuste

C'est pourquoi je te l'offre et c'est juste.

110

Jean JEUDI D.

ARCHÉOLOGIE

Le vieux, ç'a du bon !

Je veux que l'entrain, dans ta vie, tape l'incruste

Quand je te fais cette salutation vétuste.

J'aimerais fouiller, dans ton cœur, le plaisir

Pour retrouver le monument de tes désirs.

Toutes les joies, tu dois les amasser :

Même celles enfouies dans le passé.

Te réjouir est, pour moi, un prestige

Dont la gaieté en est le plus beau vestige.

111

Pour noyer le poisson dans un verre à moitié plein !

Pas besoin d'être forcément Poisson

Pour te saluer de la plus belle façon.

Tu dois faire à tes problèmes un joli lob

Pour que ton plaisir enfle comme un poisson-globe.

Pour t'enjailler, je pourrais faire le clown

Et te faire marrer comme un poisson-clown.

En riant, ta joie ne restera alevin

Puisque le bonheur enivre plus que le vin.

112

Jean JEUDI D.

C'est la Journée mondiale de la Terre !

Pas besoin d'être forcément ambidextre

Pour te faire une salutation terrestre.

Si tu laisses que les bonnes ondes t'englobent,

Ta gaieté sera plus vaste que le globe.

J'aimerais que tous tes soucis soient enterrés

Et que la joie devienne ton plat préféré.

Si tu veux t'amuser, il ne faut pas te taire.

Ton bonheur doit être à l'échelle planétaire.

113

Pour rester à la page !

Pour que ma gaieté, tu puisses la bouquiner,

Mon bonjour, je peux l'écrire ou le dessiner.

Des problèmes, tu dois tourner la page

Pour que le plaisir, en toi, fasse du tapage.

Des chagrins, il faut que tu te délivres.

De ta bonne humeur, j'écrirai un beau livre.

Comme l'herbe n'est plus verte qu'à la prairie

La vraie joie ne se trouve qu'en librairie.

114

Jean JEUDI D.

Pour faire style !

Aujourd'hui, voici un texte hyper stylé

Afin qu'au goût du jour, tu puisses chiller.

Reçois ma belle salutation branchée

Pour qu'un fun tendance, en toi, soit déclenchée. **115**

Ça sera la fashion-week dans ton esprit

Et ton cœur mettra des fringues hors de prix.

De ma joie haut de gamme, n'en fais pas style.

Sape ton cœur d'entrain, ça te sera utile.

MOUSTIQUE

**Journée mondiale contre le paludisme,
Attention, ça pique un peu !**

Aujourd'hui, j'aimerais faire tel l'anophèle :

Te mordre, pour que ta tristesse se fêle.

C'est ton cœur que j'adorerais astiquer,　　**116**

Car je veux que ma joie puisse te piquer :

Pour te transmettre, non pas le paludisme,

Mais un plaisir éternel, sans euphémisme.

Ma joie est un moustique piquant dare-dare

Et, cette salutation, en est son dard.

Jean JEUDI D.

Une Journée mondiale de la propriété intellectuelle, il faut rester raisonnable !

Aujourd'hui, salutation rationnelle.

Ma jovialité est aussi proportionnelle.

Pour être heureux, c'est bien la saison.

Pour t'enjouer, tu dois utiliser la raison.

Des soucis, il faut que tu t'affranchisses

Pour qu'au bien-être, tu y réfléchisses.

Je veux que tes problèmes soient réduits.

Je t'assure, le bonheur se déduit.

117

Pour casser les codes !

Comme du bon fun j'aime te voir t'empiffrer

Mon entrain, j'ai daigné te la déchiffrer.

Le décryptage de ton plaisir, je l'amorce.

Je te transmettrai le bonjour, même en morse.

La gaieté t'aidera à rester dans la course,

Car le bonheur est dans son code source.

La magie du rire, en toi, sera produite

Si la joie s'inscrit dans ton code de conduite.

118

Jean JEUDI D.

Attache ta ceinture !

Comme je n'agis que pour ta tranquillité

Je veux te réjouir de façon illimitée.

Avec le plaisir comme garde du corps

Ton ennui finira tout droit dans le décor.

119

Pour moi, le grand danger, c'est la dépression

Dont seul le rire assurera la protection.

Si tu prends le bonheur pour te sécuriser,

Ton petit cœur ne sera jamais brisé.

Cette salutation, c'est pour te faire marcher !

Comme ma gaieté est sapide.

Ma salutation fait de la marche rapide.

Pour t'émerve iller, pas besoin de courir.

Pour te réjouir, commence d'abord par sourire.

Marcher brûle beaucoup de calories ;

Alors marche vers le bonheur sans euphorie.

Je te l'avoue, sans vouloir me vanter :

S'enjailler est une promenade de santé.

120

#Dans la joie, il faut que tu fasses carrière.

Va vers le bonheur, ne fait pas marche arrière.

Jean JEUDI D.

Journée mondiale des mobilités et accessibilités, pour sortir des sentiers battus !

Pour montrer que le ton de ma joie est haussé

Je te dis bonjour comme sur la chaussée.

Pour rire et mettre tes soucis en déroute :

Réjouis-toi en suivant le code de la route.

Considère l'entrain comme un homme de main

Pour t'égayer sans aller par quatre chemins.

Tu ne vas jamais connaître l'amertume

Si tu vis ton bonheur sur le bitume.

121

Un Jour, Une Salutation (vol. 1)

Un Jour, Une Salutation (vol. 2)

UJUS vol. 1

UJUS vol. 2

www.ingramcontent.com/pod-product-compliance
Lightning Source LLC
LaVergne TN
LVHW020949200726
843508LV00004B/1394